초등 입학 준비 **낱말 사전**

초판 1쇄 인쇄 2022년 11월 10일
초판 1쇄 발행 2022년 11월 15일

글 박지현
그림 난나

펴낸곳 M&K
펴낸이 구모니카
마케팅 신진섭
등록 제7-292호 2005년 1월 13일
주소 경기도 고양시 일산서구 고양대로 255번길 45, 903동 1503호(대화동, 대화마을)
전화 02-323-4610
팩스 0303-3130-4610
E-mail sjs4948@hanmail.net
Tistory https://mnkids.tistory.com

ISBN 979-11-91527-44-5

※ 값은 뒤표지에 있습니다. 잘못된 책은 바꾸어 드립니다.

초등 입학 준비 낱말 사전 사용법

　초등학교는 아이의 관점에서 기존과는 다른 낯설고 커다란 세상으로 들어가는 느낌이라 부담도 생기고 긴장하게 됩니다. 초등학교의 낯선 장소와 낱말에 대해 눈높이를 맞춘 설명은 아이의 긴장을 풀어 주고, 긍정적인 마음과 태도를 갖게 만들어 줄 거예요.

　[초등 입학 준비 **낱말 사전**]은 초등학교에 처음 입학하는 아이의 시선을 따라가며 '취학 통지서'부터 시작해서 '졸업식'까지 낱말을 소개합니다. 이제 막 초등학생이 된 아이들에게 낯설고도 궁금한 낱말 50개를 담았어요.

목차

01 **취학 통지서** · 16
02 **초등학교** · 18
03 **책가방** · 20
04 **준비물** · 22
05 **실내화** · 24
06 **스쿨 존** · 26
07 **등교** · 28
08 **운동장** · 30
09 **입학식** · 32
10 **교장 선생님** · 34
11 **담임 선생님** · 36
12 **교실** · 38
13 **학년 반** · 40
14 **짝** · 42
15 **교과서** · 44
16 **시간표** · 46
17 **수업 시간** · 48

18 **쉬는 시간** · 50
19 **학용품** · 52
20 **칠판** · 54
21 **책상** · 56
22 **사물함** · 58
23 **발표** · 60
24 **글씨** · 62
25 **질문** · 64
26 **규칙** · 66
27 **모둠 활동** · 68
28 **결석** · 70
29 **지각** · 72
30 **정리 정돈** · 74
31 **복도** · 76
32 **화장실** · 78
33 **교무실** · 80
34 **급식실** · 82

35 **도서실** · 84
36 **보건실** · 86
37 **과학실** · 88
38 **알림장** · 90
39 **가정 통신문** · 92
40 **방과 후 수업** · 94
41 **돌봄 교실** · 96
42 **숙제** · 98

43 **독서록** · 100
44 **일기** · 102
45 **운동회** · 104
46 **학예회** · 106
47 **체험 학습** · 108
48 **방학** · 110
49 **개교기념일** · 112
50 **졸업식** · 114

이제 초등학교에 다니는 진짜 학생이 되는 거야.
기분이 어때?
긴장되기도 하고 조금 무섭기도 하지?

너무 걱정하지 마.
초등학교에는 가르치고 돌봐 주시는 선생님과
재미있게 공부하고 놀이할 친구들이 있어.

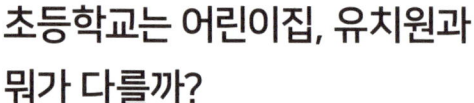
초등학교는 어린이집, 유치원과 뭐가 다를까?

학생으로서 해야 할 공부도 늘어나고
지켜야 할 규칙과 질서들도 많아질 거야.
초등학교 생활에 대해 미리 알아볼까?

01 취학 통지서

초등학교 입학을 알리는 문서야.
가슴이 두근두근 설레지?

취학 통지서는 보통 12월에 도착해.

취학 통지서에는 어떤 초등학교에 가는지
예비 소집일은 언제인지 쓰여 있어.

예비 소집일은 입학하기 전에
미리 초등학교에 가 보는 날이야.

초등학교는 보통 집에서
가장 가까운 곳으로 다니게 돼.

📖 국어사전
어린이가 교육을 받기 위하여 학교에 들어가는 것을 알리는 문서

02 초등학교

초등학교는 선생님이 가르치고
학생들이 배우는 곳이야.

우리나라에는 초등학교가 6,000개 정도 있어.
정말 많지?

초등학교는 보통 8살에 들어가서 6년 동안 다녀.

친구들과 즐겁게 배우고 생활하는 곳이야.
기대해 봐. 진짜 재밌을걸.

지금은 초등학교에 들어가지만
조선시대에는 서당에서 글을 배웠어.

국어사전
만 6세의 어린이를 입학시켜서 6년 동안 의무적으로 교육하는 학교

03 책가방

학교에서 필요한 물건을 담는 가방이야.

책가방의 끈이 꼬이면 어깨가 아파.
양쪽 어깨에 가지런히 메자.

책가방을 쌀 때는 교과서처럼 큰 것부터 넣고
필통, 물통처럼 작은 것은 나중에 넣자.

준비물은 미리미리 챙겨서
책가방에 넣어 두는 것이 좋아.

교실에서는 책상 옆 고리에
책가방을 걸어 두면 편리해.

국어사전
학생들이 책이나 학용품을 넣어서 들거나 메고 다니는 가방

04 준비물

학교에 갈 때 미리 준비해서
가야 하는 물건이야.

입학 준비물은 학교마다 조금씩 다를 수 있어.
안내문을 꼼꼼히 확인하자.

준비물에는 꼭 이름 스티커를 붙이자.
잃어버렸을 때 찾기 쉽도록.

학교에 장난감, 과자, 돈, 위험한 물건은
절대 가져가면 안 돼.

준비물은 내가 쓸 물건이니 스스로 챙기자.

국어사전
미리 마련하여 갖추어 놓는 물건

05 실내화

학교 안에서 신는 신발이야.

학교 안으로 들어가기 전
실내화로 갈아 신어.

실내화를 갈아 신은 다음
신발은 실내화 주머니에 넣어.

학교 밖으로 나갈 때는 다시 신발로 갈아 신고
실내화는 실내화 주머니에 넣어.

실내화는 자주 빨아서 신어야 해.
솔로 쓱쓱 닦아 보자.

📖 **국어사전**
건물 안에서만 신는 신

06 스쿨 존

스쿨 존은 노란색으로 표시되어 있어.

학교 근처라서 어린이들이 많으니
운전하는 사람들에게 조심하라는 뜻이야.

꼭 신호등이 있는 횡단보도로 건너자.
신호등이 없는 찻길은 위험해.

초록불로 바뀌면 마음속으로 하나 둘 셋을 세고
주변을 살피며 건너자.

초록불이 깜박일 때는 멈춰 서서
다음 신호를 기다리는 것이 좋아.

학교 근처 횡단보도에서는 녹색 어머니가
길 건너는 것을 도와주셔.

국어사전
어린이를 교통사고의 위험으로부터 보호하기 위하여 설정한 구역

07 등교

학생이 학교에 가는 것을 등교라고 해.

교문은 학교에 오갈 때 지나가는 문이야.
교문에는 학교를 지켜 주시는 보안관 선생님이 계셔.

보통 아침 9시 전까지 학교에 가야 해.
일찍 일어나서 준비하자.

양치도 세수도 깨끗이.
아침밥도 꼭 먹고 학교에 가자.

학교가 끝나고 집에 가는 건 하교라고 해.

📖 국어사전
학생이 학교에 감

08 운동장

운동장은 학교 안에 있는
평평하고 넓은 마당 같은 곳이야.

모래가 깔린 운동장도 있고
잔디가 심겨 있는 운동장도 있어.

입학식, 운동회와 같은 학교 행사를 많이 해.

체육은 주로 운동장에서 수업해.

운동장 한쪽에는 그네, 구름사다리,
철봉과 같은 놀이 기구가 있어.

📖 **국어사전**
운동 경기, 놀이를 할 수 있도록 여러 가지 기구를 갖춘 넓은 마당

09 입학식

초등학생이 된 것을 축하하는 날이야.
낯설고도 설레는 느낌이지?

초등학생이 되어 학교에 가는 것을 입학.
입학을 축하하는 것을 입학식이라고 해.

입학식은 강당이나 운동장에서 열려.

멋진 표정으로 입학식 사진을 찍자.
두고두고 기억에 남을 거야.

교장 선생님이 대표로 초등학생이 된 것을
축하하는 말씀을 해 주셔.

담임 선생님, 같은 반 친구들과
처음 만나 인사하는 날이야.

국어사전
입학할 때에 신입생을 모아 놓고 행하는 의식

10 교장 선생님

선생님들을 대표하는 선생님이야.

보통 학교 1층에 교장실이 있어.
교장실은 교장 선생님이 일하시는 곳이야.

학교의 대표로 학교를 위해
중요한 일을 결정하시지.

교장 선생님의 일을 돕는
교감 선생님도 계셔.

언제 어디서든 교장 선생님을 만나면
배꼽 인사하자.

国어사전
초등학교, 중학교, 고등학교의 으뜸 직위 교사

11 담임 선생님

첫 담임 선생님.
어떤 분일지 너무 궁금하지?

한 반에는 한 명의 담임 선생님이 계셔.
1년 동안 반 학생들을 가르치고 돌보셔.

학교에서 어려운 일이 생기면 가장 먼저
담임 선생님께 말해야 해.

국어, 수학 등은 담임 선생님께서 수업하시고
영어, 체육 등은 교과목 전담 선생님이 계셔.

📖 국어사전
한 반의 학생을 전적으로 책임지고 맡아 지도하는 교사

12 교실

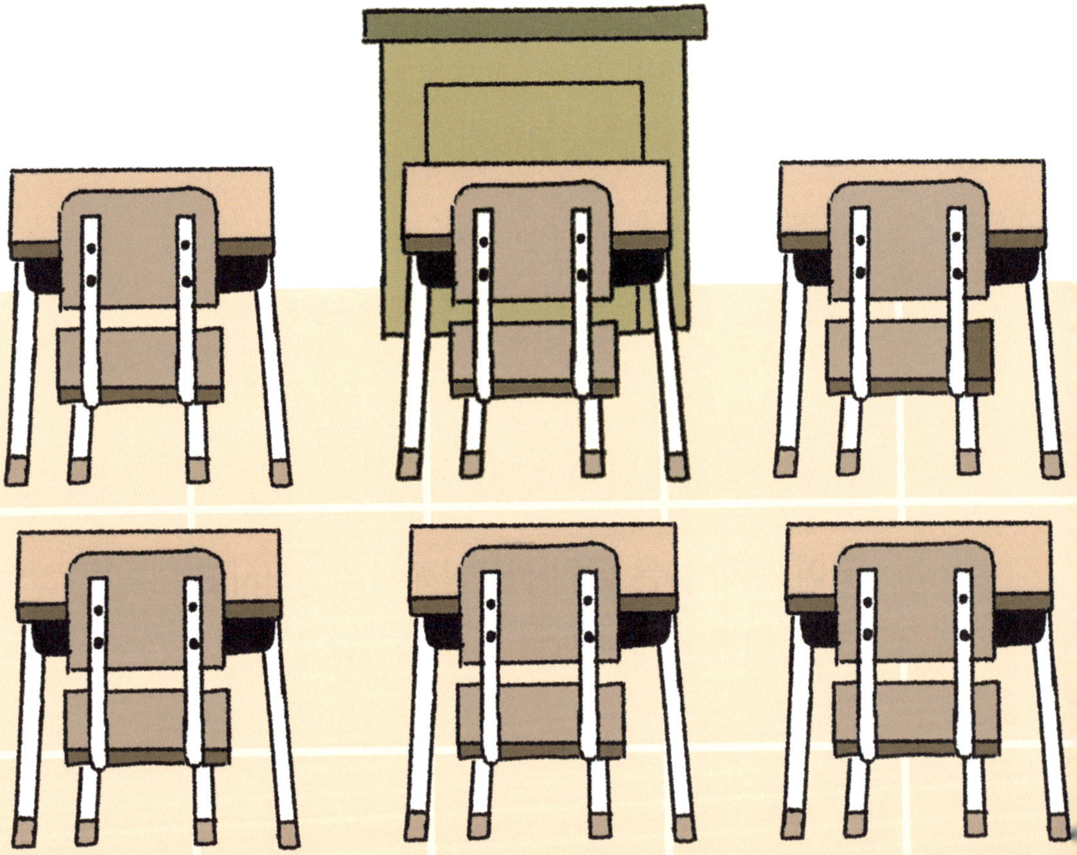

선생님, 친구들과 함께 공부하는 곳이야.

교실에는 학년과 반을 표시한
표시판이 있어.

아침에 교실로 들어가면
선생님께 배꼽 인사하고 가방 정리부터 하자.

공부할 때 필요한
칠판, 교탁, 책상, 의자 등의 물건들이 있어.

교실은 친구들과 함께 사용하는 곳이야.
함께 사용하는 물건은 소중히 다뤄야 해.

다른 교실에 있는 물건은 함부로 만지면 안 돼.

국어사전
유치원, 초등학교, 중고등학교에서 학습 활동이 이루어지는 방

13 학년 반

여기는 1학년 1반 교실이구나!

앞의 숫자는 학년, 뒤의 숫자는 반이야.

초등학생은 나이에 따라 학년이 정해져.

8살은 1학년 학생이야.
13살이 되면 6학년 학생이 되지.

같은 학년끼리는 모두 다 친구야.

같은 학년끼리 모두 함께 공부할 수 없으니 반을 나누는 거야.

학년이 바뀌면 반도 바뀌게 돼.

국어사전
일 년간의 학습 과정의 단위

14 짝

옆에 앉아서 같이 공부하는 친구야.
어떤 친구가 내 짝이 될까?

짝은 마음대로 선택할 수 없어.
담임 선생님이 정해 줘.

짝은 한 달에 한 번 정도로 바뀌게 될 거야.

짝이 준비물을 깜박했다면
함께 나누어 쓰는 게 좋겠지?

친구들의 이름을 기억해 보자.
이름을 부르면 기분 좋아할 거야.

📖 국어사전
둘 또는 그 이상이 서로 어울려 한 벌이나 한 쌍을 이루는 것

15 교과서

학교에서 공부하는 내용을 담은 책이야.
소중하게 다뤄야겠지?

과목마다 교과서가 달라.

학기가 바뀌면 학교에서 교과서를 나눠 줘.

교과서를 받으면
가장 먼저 이름부터 쓰도록 하자.

교과서에 낙서하면 안 돼.
교과서가 구겨지거나 찢어지지 않도록 조심하자.

📖 **국어사전**
학교에서 교과 과정에 따라 주된 교재로 사용하기 위하여 편찬한 책

16 시간표

우리반 시간표

	월	화	수	목	금
1	통합	국어	국어	국어	국어
2	수학	국어	통합	수학	통합
3	국어	통합	창체	통합	수학
4	안전	통합	통합	통합	창체
5		창체		창체	

교시에 맞춰 어떤 수업을 할지 정해 놓은 표야.
교시는 학교 수업 시간을 세는 말이야.

시간표를 보면서 수업을 준비하면 돼.

1학년은 매일 4교시나 5교시의 수업을 해.
보통 4교시 후에 점심을 먹어.

학년이 높아질수록
교시가 점점 늘어나지.

📖 국어사전
시간을 나누어서 시간대별로 할 일을 적어 넣은 표

17 수업 시간

선생님의 가르침을 받는 시간이야.
수업 시간은 보통 40분이야.

국어 시간에는 한글을 읽고 쓰는 것을 배워.
수학 시간에는 수 세기와 덧셈, 뺄셈을 배우지.

통합 시간에는
봄, 여름, 가을, 겨울의 생활을 배워.

수업 시간에는 수업에 집중하자.
친구와 떠들거나 장난치면 안 돼.

수업 시간에 화장실을 가고 싶다면
조용히 손을 들고 선생님의 허락을 기다리자.

📖 국어사전
수업을 하기로 정해 놓은 시간

18 쉬는 시간

다음 수업을 준비하며 잠시 쉬는 시간이야.

쉬는 시간은 보통 10분이야.
너무 짧아서 순식간에 지나갈걸.

친구들과 함께 놀거나
책을 읽을 수 있어.

쉬는 시간에 화장실에
미리미리 다녀오는 것이 좋아.

다음 수업의 교과서와 준비물을
책상 위에 준비해 놓자.

📖 **국어사전**
학교의 활동 시간 내에서 잠시 쉬는 시간

19 학용품

공부할 때 필요한 물건이야.

학용품에는 공책, 연필, 자, 지우개, 가위, 색연필, 테이프, 풀 등이 있어.

연필, 가위처럼 날카로운 부분이 있는 학용품은 특히 조심해야 해.

학용품에는 꼭 이름 스티커를 붙이자.

학용품을 아끼는 마음을 갖고 소중히 다루자.

📖 국어사전
학습에 필요한 필기도구, 공책 등과 같은 물품

20 칠판

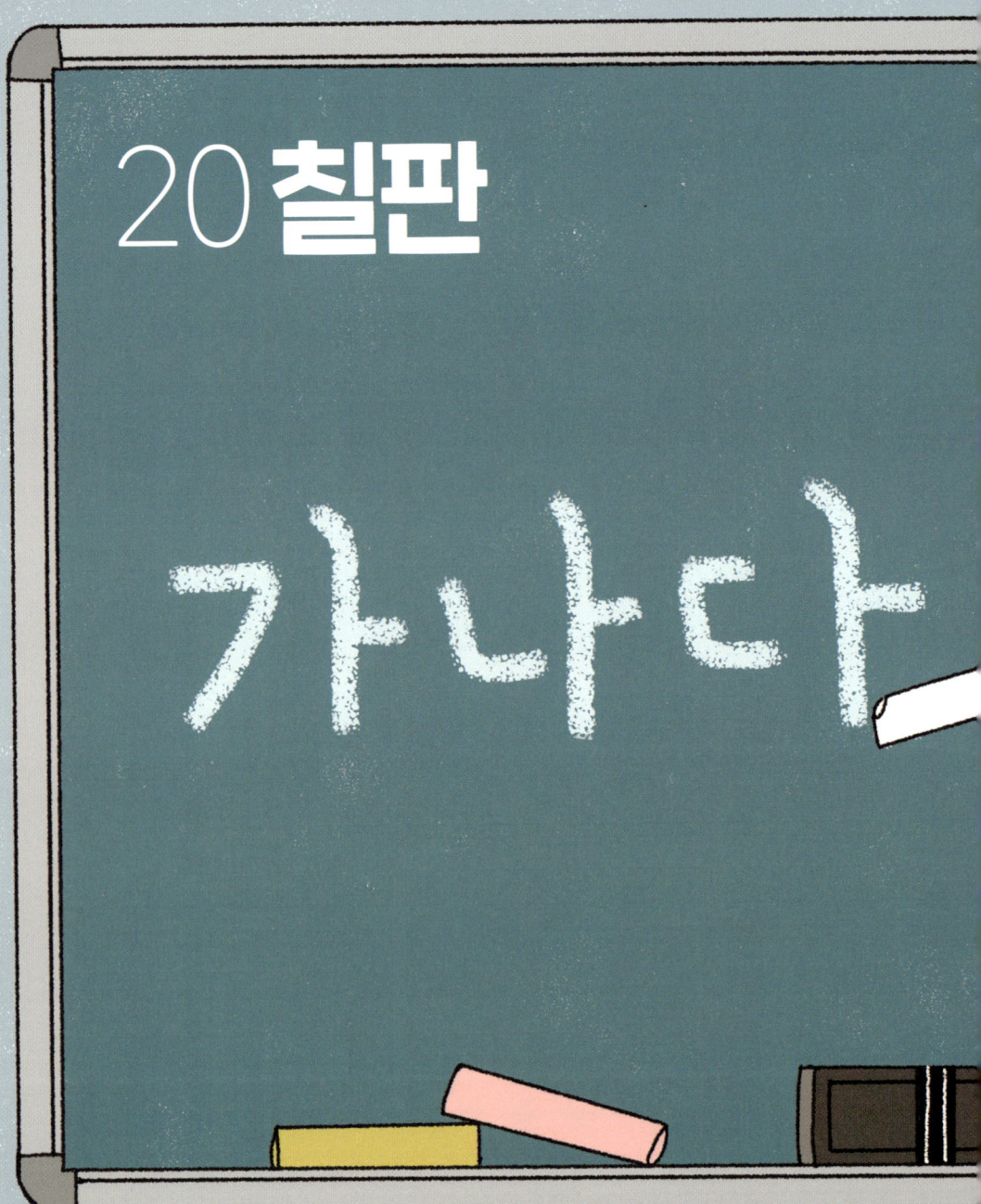

선생님이 그림이나 글을 써서 설명하는 판이야.

교실에서 가장 커다란 물건은
칠판이야.

칠판은 분필로 쓰고
분필 지우개로 지워.

선생님은 보통 중요한 내용을 칠판에 써.
집중해야겠지?

칠판에 쓰여 있는 내용은
다시 한번 공책에 정리하는 것이 좋아.

국어사전
어두운 색을 칠하여 분필로 글씨를 쓰거나 그림을 그리게 만든 판

21 책상

앉아서 공부하는 상이야.

책상의 짝꿍은 의자야.
책상과 의자를 책걸상이라고 부르기도 해.

의자에 앉을 때는 허리를 쭉 펴고
엉덩이를 의자 뒤쪽에 붙여서 앉아야 해.

책상 서랍은 교과서와 공책, 필통 등을
넣어 두는 곳이야.

수업이 끝나면 책상에 의자를
밀어 넣어서 정리해.

국어사전
앉아서 책을 읽거나 글을 쓸 때에 앞에 놓고 쓰는 상

22 사물함

사물함은 학교생활에 필요한 물건을
넣어 두는 곳이야.

사물함에는 보통 교과서, 공책 등을 넣어.

크고 무거운 것은 아래쪽
작고 가벼운 것은 위쪽에 정리하자.

크기가 작은 물건은 바구니에 담아
정리하는 것이 좋아.

사물함에 장난감이나 음식을
넣으면 안 돼.

📖 국어사전
학교에서 학생들이 제각기 물품을 넣어 둘 수 있게 만든 곳

23 발표

발표를 하려면 자신 있게 손을 번쩍 들어.
선생님이 이름을 부르면 그때 발표하자.

여러 사람 앞에서 발표하는 건
누구나 부끄럽고 떨려.

혼자 발표 연습을 해 봐.
자꾸 연습하다 보면 자신감이 생길 거야.

모두가 들을 수 있도록
또박또박 큰 소리로 말하는 것이 좋아.

생각한 답이 틀려도 괜찮아.
발표는 여러 생각을 나누는 거니까.

📖 국어사전
어떤 사실이나 결과, 작품을 세상에 널리 드러내어 알림

24 글씨

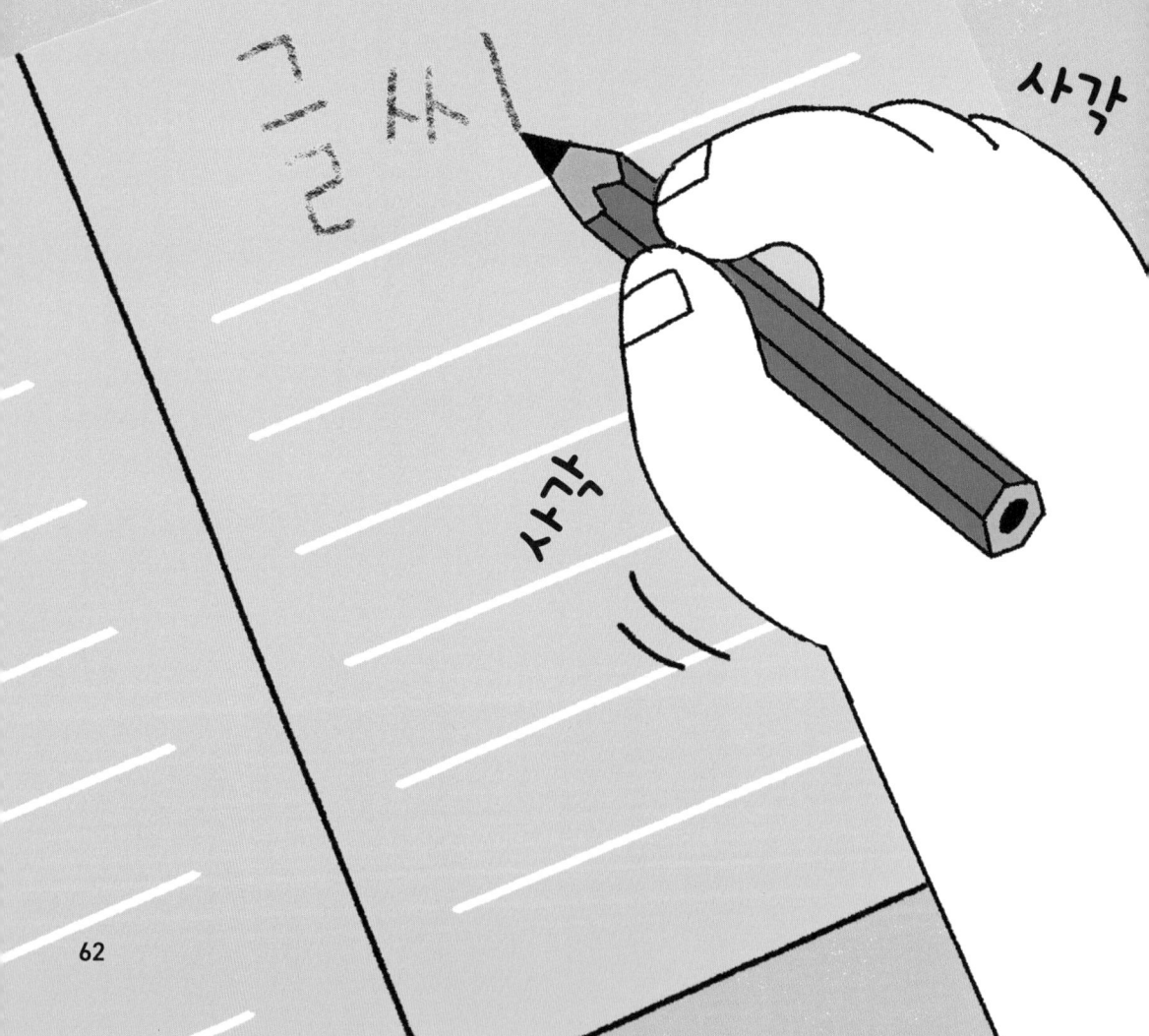

글씨는 글자의 모양을 말해.

바른 자세로 연필을 잡아야
반듯한 글씨를 쓸 수 있어.

글씨 연습은 샤프보다는
연필로 하는 것이 좋아.

연필은 연필깎이로 깎아서
항상 연필심이 뾰족한 상태로 준비하자.

한 글자 한 글자 정성 들여 글씨를 쓰자.
급하게 쓰면 글씨가 삐뚤빼뚤해져.

교과서나 그림책의 예쁜 글씨를
따라 쓰며 연습하자.

국어사전
쓴 글자의 모양

25 질문

모르는 게 있다면
그냥 넘어가지 말고 꼭 질문하자.

모르는 건 창피한 게 아니야.
모르는데 아는 척하는 게 진짜 창피한 거야.
지금부터 하나하나 배우면 돼.

수업 시간에 질문하고 싶다면
조용히 손을 들고 기다려.

질문에 대한 답을 들을 때는
열심히 집중해서 듣자.

누군가 나에게 질문한다면
또박또박 대답하자.

📖 **국어사전**
알고자 하는 바를 얻기 위해 물음

26 규칙

1. 바른 자세로 앉기

2. 바르고 고운 말을 사용하기

3. 교실 안의 물건을 소중히 다루기

여러 사람이 함께 지내기 위해 만든 약속이야.

약속은 눈에 보이지는 않지만
중요하고 소중해.

규칙을 지키면 우리 모두
안전하고 기분 좋게 지낼 수 있어.

만약에 규칙을 어겼다면?
다음에는 같은 실수를 하지 않도록
노력하면 돼.

국어사전
여러 사람이 다 같이 지키기로 작정한 법칙 또는 질서

27 모둠 활동

모둠 활동은 함께 모여
생각하고 공부하는 거야.

노래하기, 율동 만들기, 이야기 만들기 등
다양한 모둠 활동이 있어.

나와 생각이 다른 친구의 이야기도
끝까지 잘 듣자.

서로 의견이 다를 때는
공평한 방법을 함께 찾아보자.

국어사전
학교에서 어떤 일이나 과제를 여러 사람이 함께 맡아 하는 활동

28 결석

학교에 가지 못하면 결석이야.

결석하게 된다면
빨리 담임 선생님께 연락하자.

전염되는 병에 걸리면 학교에 갈 수 없어.
다른 친구들에게 옮기면 안 되니까.

체험 학습으로 학교에 갈 수 없다면
미리 신청서를 써서 담임 선생님께 전달하자.

갑자기 아프거나 일이 생겨서
수업 중간에 일찍 나오는 걸 조퇴라고 해.

국어사전
나가야 할 자리에 나가지 않음

29 지각

등교 시간에서 1분만 지나도 지각이야.

지각하면 창피한 기분이 들 거야.
일찍 일어나서 미리미리 출발하자.

늦잠을 자지 않도록
일찍 자고 일찍 일어나자.

아침에 알람을 맞춰 놓는 것도 좋은 방법이야.
시계를 자주 보며 준비하면 도움이 될 거야.

학교에 늦었더라고 너무 서두르지 마.
안전하게 학교에 가는 게 더 중요해.

30 정리 정돈

항상 주변을 깨끗이 정리하자.

초등학생이 되면 친구들과 함께
교실 청소를 해야 해.

창문을 활짝 열고
내가 맡은 부분을 청소하면 돼.

작은 빗자루와 쓰레받기로
쓰레기나 지우개 가루 등을 청소해.

교과서와 준비물은
항상 제 자리에 가지런히 정리하자.

📖 **국어사전**
흐트러진 상태에 있는 것을 가지런히 바로잡아 질서 있는 상태가 됨

31 복도

교실 밖을 나오면
길게 연결된 길이 복도야.

복도나 계단에서는
항상 오른쪽으로 다니기로 약속해.

한 줄로 차례를 지키며
조용히 걷는 것이 좋아.

복도에서는 뛰면 안 돼.
친구랑 부딪히거나 넘어질 수 있어.

비 오는 날에는 복도가 미끄러울 수 있으니
더욱 조심조심하자.

계단에서는 앞을 잘 보고
한 칸씩 오르내려야 해.

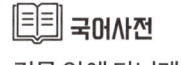 국어사전
건물 안에 다니게 된 통로

32 화장실

똥과 오줌을 누는 곳이야.

남자용과 여자용이 구분되어 있어.
선생님용과 학생용도 구분되어 있지.

문을 열기 전에 똑똑 노크를 먼저 해야 해.

화장실은 소리가 울려서 크게 들려.
조용조용 이용하자.

휴지는 필요한 만큼만 아껴서 사용하자.
똥과 오줌을 눈 후에는 반드시 물을 내려야 해.

마지막으로 손을 꼭 깨끗하게
씻어야 하는 건 알지?

국어사전
대소변을 보도록 만들어 놓은 곳

33 교무실

교무실은 선생님들이 모여서 일하는 곳이야.

교무실은 보통 학교 1층에 있어.

선생님께 물어볼 게 있다면
교무실로 가 봐.

교무실 문 앞에 서면
왠지 가슴이 두근두근해.

교무실에 들어가기 전
똑똑 문을 노크하는 것이 좋아.

교무실에서 선생님을 만나면
가장 먼저 인사부터 하자.

국어사전
교사가 교재를 준비하는 등 여러 가지 일을 맡아보는 곳

34 급식실

식사하기 전에 반드시 손을 씻자.

국물이 찰랑찰랑 넘칠 수 있으니
양손으로 식판을 잡고 천천히 걷자.

입안에 음식물이 있을 땐 삼키고 말하자.
말하다가 밥풀이 튀어나올지도 몰라.

급식으로 싫어하는 음식이 나와도
딱 한 입만 먹어 보자.

소중한 음식을 남기지 않도록 노력하자.

점심을 먹은 후에는 꼭 이를 닦자.

📖 국어사전

학교에서 음식을 제공하기 위해서 마련한 방

35 도서실

도서실에는 책이 엄청나게 많아.

책을 관리해 주시는
사서 선생님이 계시지.

책을 빌려 갈 때는 열람표를 써야 해.

여러 사람이 함께 읽는 책이니
깨끗하게 조심해서 봐야 해.

반납하기로 한 날짜는 꼭 지키자.
다른 친구가 그 책을 기다리고 있을지도 몰라.

국어사전
도서를 모아 두고, 도서를 볼 수 있도록 만든 방

36 보건실

학교에서 몸이 아프거나 다치면
보건실에 가야 해.

보건실에는 보건 선생님이 계셔.
아픈 곳을 돌봐 주시지.

많이 아플 때
잠시 누워서 쉴 수 있는 침대도 있어.

보건 선생님께 어디가 어떻게 아픈지
또박또박 이야기하자.

📖 **국어사전**
학교에서 학생들의 건강과 위생에 관한 일을 맡아보는 방

37 과학실

과학 수업을 하는 교실이야.

과학실에는 비커, 유리 막대 같은
과학 실험에 필요한 물건들이 많아.

과학 실험은 물이나 불을 사용해서
위험할 수 있으니 선생님 말씀을 잘 듣자.

과학실을 사용한 다음 정리는 필수야.

미술 수업을 위한 미술실도 있고
음악 수업을 위한 음악실도 있어.

📖 국어사전
과학 수업이나 실험을 할 수 있도록 여러 기구가 갖추어진 방

38 알림장

잊지 말아야 할 것을 알려 주는 글이야.

집에 도착하면 알림장부터 바로 확인하자.

알림장은 꼭 부모님께 보여 드려야 해.

내용을 잘 알아볼 수 있도록
글씨를 반듯하게 써야 해.

알림장을 보고 숙제도 하고
준비물도 미리 챙기자.

국어사전
알려야 할 내용을 적은 글

39 가정 통신문

가정 통신문에는 부모님이
꼭 알아야 하는 중요한 이야기가 있어.

잊어버리지 않도록 선생님께 받자마자
파일에 넣어 보관하자.

가정 통신문이 구겨지거나
찢어지지 않도록 조심해.

부모님 사인을 받은 가정 통신문은
잊지 말고 담임 선생님께 전달하자.

📖 **국어사전**
학교의 소식을 실어 가정에 알리는 유인물

40 방과 후 수업

수업이 모두 끝난 후에 하는 특별 수업이야.

배우고 싶은 수업을 신청하면 돼.

방송 댄스, 요리, 줄넘기 등
다양하고 재미있는 수업이 많아.

인기가 많은 수업은
추첨으로 뽑아.

방과 후 수업에는 준비물도 있어.
잘 챙겨가자.

📖 국어사전
학교의 정규 수업 시간이 끝난 후에 실시하는 수업

41 돌봄 교실

돌봄이 필요한 학생들을 위한 교실이야.

보통 부모님이 맞벌이하는 학생들이
돌봄 교실을 신청해.

수업을 마치고 돌봄 교실로 가면 돼.

돌봄 교실에는 돌봄 선생님이 계셔.

숙제도 하고, 간식도 먹고,
책도 읽고, 보드게임도 해.

국어사전
맞벌이 가정의 학생들을 대상으로 일정 시간 동안 추가 교육을 실시하는 교실

42 숙제

숙제는 집에서 하는 공부야.

선생님께서 어떤 숙제를 해야 하는지
알림장에 알려 주셔.

숙제는 어려운 게 아니야.
선생님은 혼자서도 충분히 할 수 있는 숙제만 내 주셔.

숙제는 깜박하면 안 돼.
잊지 말고 열심히 숙제하자.

숙제를 안 하면 선생님께 꾸중을 듣게 될 거야.

📖 국어사전
복습이나 예습을 위하여 방과 후에 학생들에게 내 주는 과제

43 독서록

먼저 읽고 싶은 책을 골라서 읽자.

책을 읽고 줄거리나 생각, 느낀 점을
글로 쓰는 거야.

줄거리는 책의 시작과 중간, 끝에
일어난 일들을 연결하면 돼.

책 속 마음에 드는 문장을
독서록에 써도 돼.

책 제목, 책을 읽은 날짜는
꼭 써야 해.

국어사전
책을 읽고 난 후에 줄거리, 생각, 느낌을 기록한 글

44 일기

오늘 하루 가장 기억에 남는 일과 느낀 점을
그림이나 글로 표현하는 거야.

자연스럽게 떠오르는 대로 솔직하게 쓰자.

일기는 매일매일 쓰는 것이 좋아.
제목, 날짜와 날씨는 꼭 들어가야 해.

일기를 쓰다 보면
생각도 정리되고, 글도 잘 쓰게 돼.

저학년은 그림일기를 쓰고
고학년이 되면 글로 쓰지.

나중에 일기를 다시 읽어 보면
정말 재밌을 거야.

📖 **국어사전**
날마다 그날그날 겪은 일이나 생각, 느낌을 적는 개인의 기록

45 운동회

팀을 나누어서 여러 가지 운동 경기를 하는 거야.

운동회는 보통 5월에 운동장에서 해.

줄다리기, 박 터트리기, 이어달리기 등
재미있는 게임이 많아.

청팀, 백팀으로 팀을 나누어서
경기도 하고 응원도 해.

운동 경기도 재밌지만
목청껏 응원하는 것도 정말 재밌어.

국어사전
여러 사람이 모여 여러 가지 운동 경기를 하는 모임

46 학예회

유치원에서 발표회 해 봤지?
발표회랑 비슷한 거야.

학예회는 보통 가을이나 겨울에 해.

노래, 악기, 연주, 무용 등을
부모님과 친구들 앞에서 뽐내는 거야.

친구들이 무대를 하는 동안
집중해서 잘 지켜봐 주는 게 예의야.

무대를 마친 친구들에게
큰 박수로 칭찬해 주자.

📖 국어사전
학생의 예능 발표와 학예품 전시를 주로 하는 특별 교육 활동

47 체험 학습

관람, 견학, 소풍 등을 통해
직접 체험하며 공부하는 거야.

체험 학습을 갈 때는
움직이기 편한 옷과 운동화를 신는 것이 좋아.

보통 멀리 가기 때문에 버스를 타고 이동해.

낯선 곳으로 가는 거니까
선생님 말씀을 잘 듣고 따라야 해.

혼자 다니는 것은 위험해.
화장실도 꼭 친구들과 함께 가자.

국어사전
교실 밖에서 체험을 중심으로 이루어지는 학습

48 방학

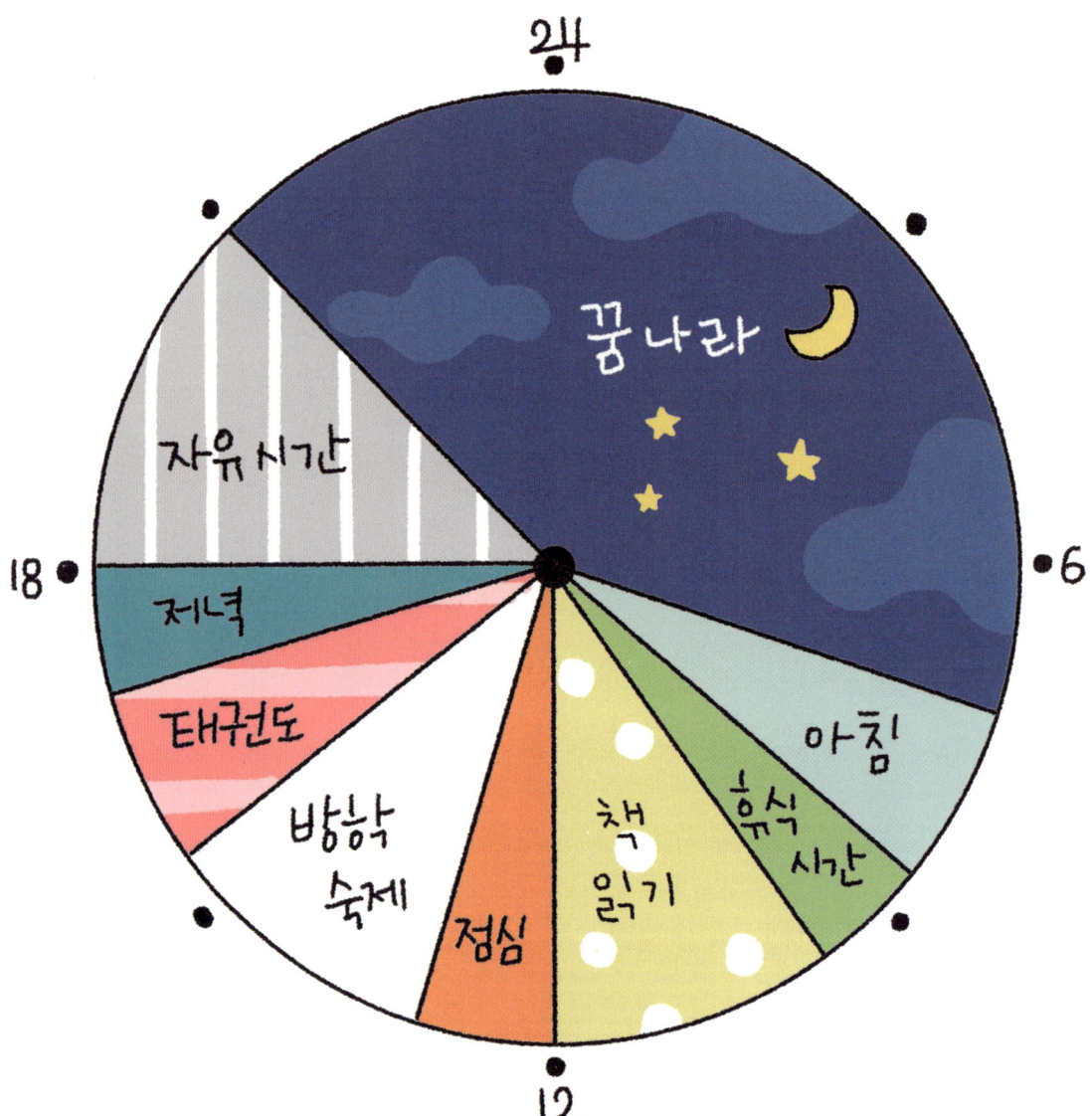

방학, 정말 설레는 말이야.

더운 여름과 추운 겨울에
학교에 가지 않고 집에서 생활하는 거야.
짧은 봄 방학도 있어.

방학 기간은 보통 한 달 정도야.

방학에는 생활 계획표를 세워
규칙적으로 생활하는 게 좋아.

방학 숙제는 매일매일 꾸준히 해야 해.
마지막에 한꺼번에 몰아서 하면 힘들어.

국어사전
일정 기간 동안 수업을 쉬는 일 또는 그 기간

49 개교기념일

학교의 생일을 축하하는 날이지.

학교 홈페이지를 살펴보면
개교기념일을 알 수 있어.

개교기념일을 알면
학교가 몇 살인지 알 수 있지.
우리 학교는 몇 살일까?

보통 개교기념일은 쉬는 날로 정해서
학교에 가지 않아.

국어사전
매년 개교일과 같은 날짜에 맞추어 개교를 기념하는 날

50 졸업식

졸업식은 입학식의 반대말이야.
졸업을 축하하는 날이지.

초등학교를 6년 다니면 졸업이야.

졸업식에는 졸업장과
졸업 앨범을 받게 돼.

졸업 앨범에는 졸업하는 6학년 학생들과
선생님의 사진이 모두 들어 있어.

초등학교를 졸업하면 중학교.
중학교를 졸업하면 고등학교에 가게 돼.

국어사전
졸업장을 수여하는 의식

초등 입학 준비 **낱말 사전**

친구 규칙

- 친구의 이름을 기억해서 부르기 ☐
- 무언가 받았다면 '고마워'라고 말하기 ☐
- 무언가 잘못했다면 '미안해'라고 말하기 ☐
- 무슨 일이 있어도 친구를 때리지 않기 ☐
- 친구가 말하면 눈을 바라보며 끝까지 듣기 ☐
- 열심히 애쓰는 친구를 응원하기 ☐
- 친구의 비밀은 꼭 지켜주기 ☐
- 친구의 이름이나 생김새, 행동 등으로 놀리지 않기 ☐
- 친구를 앞에 두고 귓속말하지 않기 ☐
- 친구가 꾸중을 들을 때 빤히 쳐다보지 않기 ☐

초등 입학 준비 **낱말 사전**

교실 규칙

선생님과 친구에게 인사하기	☐
바른 자세로 앉기	☐
바르고 고운 말을 사용하기	☐
학용품에는 모두 이름을 쓰기	☐
교실 안의 물건을 소중히 다루기	☐
사용한 물건은 제자리에 정리하기	☐
연필, 가위처럼 뾰족한 학용품은 조심히 사용하기	☐
기침이나 재채기가 나올 때는 팔로 입 가리기	☐
복도와 계단에서는 오른쪽으로 걷기	☐

초등 입학 준비 **낱말 사전**

급식 규칙

식사 전에 깨끗이 손 씻기	☐
한 줄로 서서 차례차례 음식 받기	☐
식판은 꼭 양손으로 들기	☐
입안에 음식물이 있을 땐 말하지 않기	☐
식사 중에 친구와 장난치지 않기	☐
음식 남기지 않기	☐
음식은 골고루 꼭꼭 씹어 먹기	☐
식판과 남은 음식물 깨끗이 정리하기	☐
싫어하는 음식도 딱 한 입만 먹어 보기	☐
음식을 먹은 후에는 꼭 이 닦기	☐

초등 입학 준비 **낱말 사전**

등하굣길 규칙

등하굣길에는 서두르지 않고 천천히 가기	☐
길과 길이 만나는 곳에서는 일단 멈추고 살피기	☐
차도를 건널 때는 꼭 횡단보도를 이용하기	☐
차가 다니는 길에서 친구와 장난하지 않기	☐
신호등이 초록불이어도 주변을 살피고 건너기	☐
신호등이 깜박일 때는 건너지 않고 다음 신호 기다리기	☐
횡단보도 건널 때 손 번쩍 들기	☐
공사장이 있으면 안전한 길로 돌아가기	☐
모르는 사람은 절대 따라가지 않기	☐

초등 입학 준비 **낱말 사전**

체험 학습 규칙

출발 시간 약속 잘 지키기	☐
버스에서 안전벨트 꼭 하기	☐
체험 학습 안내문의 주의 사항 꼭 따르기	☐
장소에 따른 안전 규칙 지키기	☐
약속된 장소에서 벗어나지 않기	☐
어느 곳이든 친구와 함께 다니기	☐
위험한 행동이나 장난하지 않기	☐
쓰레기 등 주변 정리 잘하기	☐
하교 후에 집으로 곧장 가기	☐